성경 컬러링북

THE BIBLE COLORING BOOK

그림 정원교 | 기획 구성 김상보 | 감수 김윤상 프란치스코 신부

성경 컬러링북

교회인가 2016년 2월 18일
초판 1쇄 펴냄 2016년 3월 15일
초판 3쇄 펴냄 2022년 11월 21일

그림 · 정원교
기획 구성 · 김상보
감수 · 김윤상 프란치스코 신부

펴낸이 · 김경태
편집 · 홍경화 성준근 남슬기 한홍비
디자인 · 김상보 / 박정영 김재현
마케팅 · 전민영 유진선
경영관리 · 곽근호

펴낸곳 · (주)출판사 클
출판등록 · 2012년 1월 5일 제311-2012-02호
주소 03385 서울시 은평구 연서로26길 25-6
전화 070-4176-4680 · 팩스 02-354-4680 · 이메일 bookkl@bookkl.com

ISBN 979-11-85502-32-8 13230

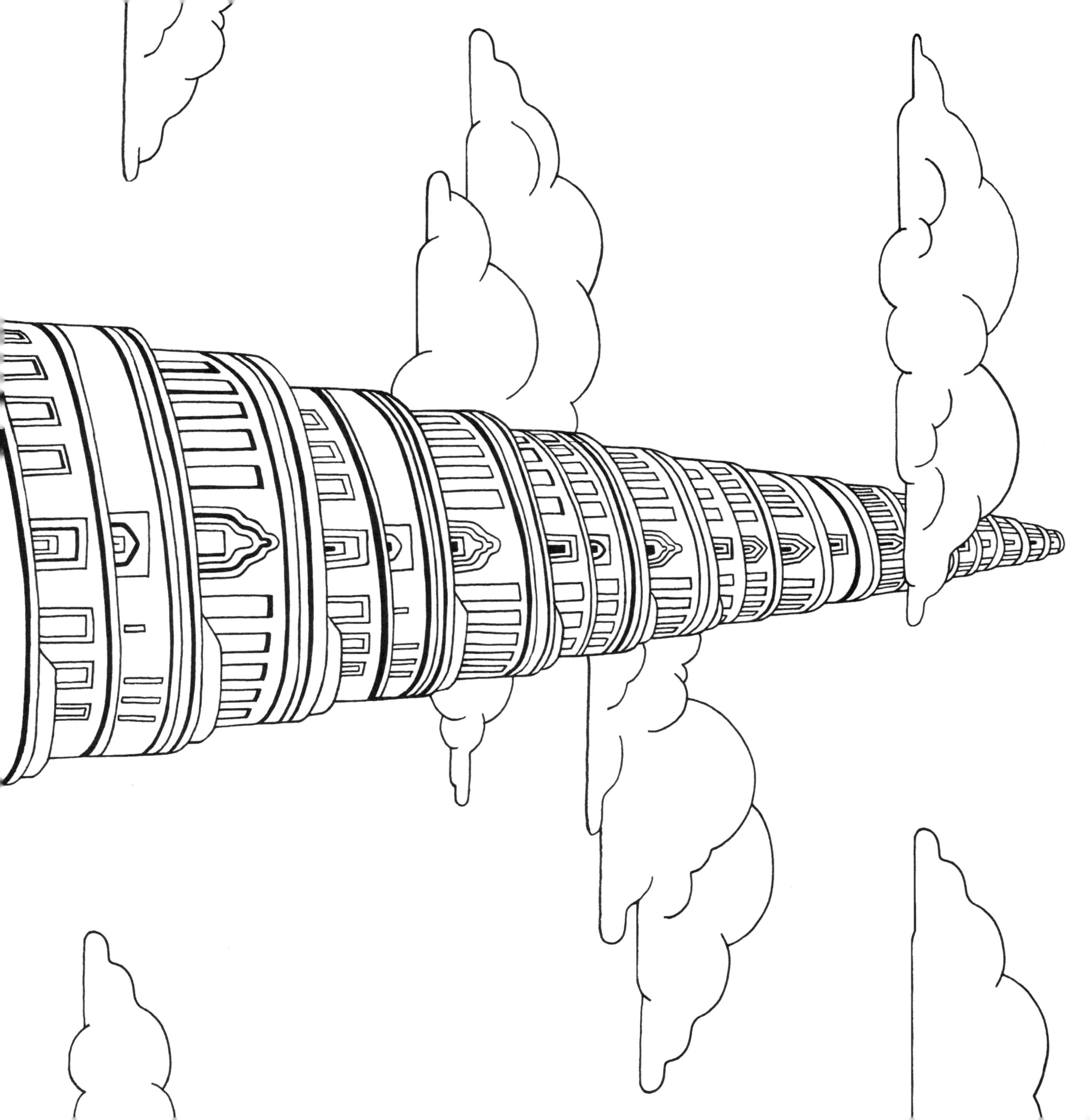

III
IV
V
VI
VII
VIII
IX
X

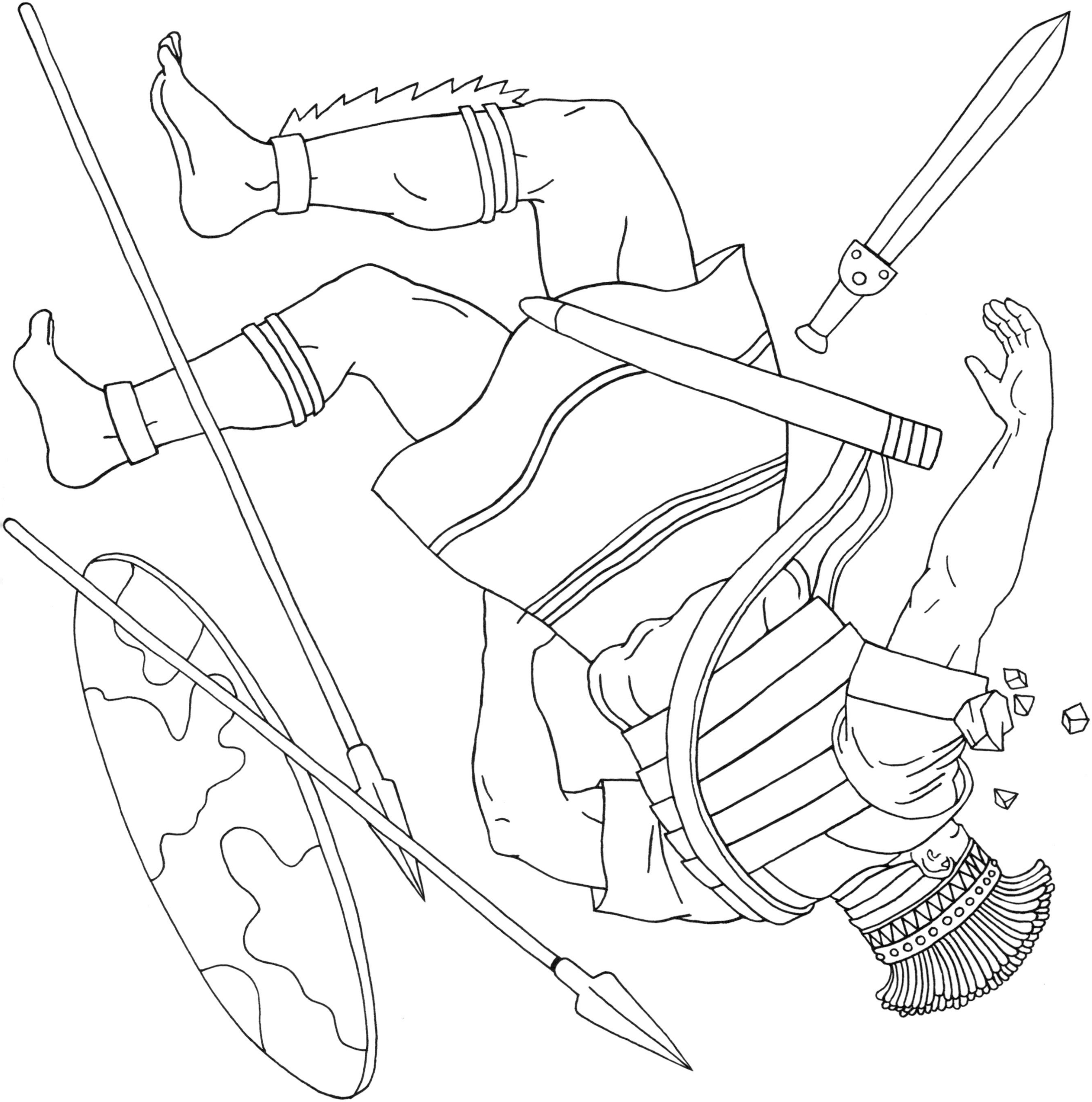

INRI

성경 말씀 • 구약

하느님께서는 이렇게 당신의 모습으로 사람을 창조하셨다. 하느님의 모습으로 사람을 창조하시되 남자와 여자로 그들을 창조하셨다. **창세기 1,27**

여자가 쳐다보니 그 나무 열매는 먹음직하고 소담스러워 보였다. 그뿐만 아니라 그것은 슬기롭게 해줄 것처럼 탐스러웠다. 그래서 여자가 열매 하나를 따서 먹고 자기와 함께 있는 남편에게도 주자, 그도 그것을 먹었다. 그러자 그 둘은 눈이 열려 자기들이 알몸인 것을 알고, 무화과나무 잎을 엮어서 두렁이를 만들어 입었다. **창세기 3,6-7**

주 하느님께서 말씀하셨다. "자, 사람이 선과 악을 알아 우리 가운데 하나처럼 되었으니, 이제 그가 손을 내밀어 생명나무 열매까지 따 먹고 영원히 살게 되어서는 안 되지." 그래서 주 하느님께서는 그를 에덴 동산에서 내치시어, 그가 생겨 나온 흙을 일구게 하셨다. **창세기 3,22-23**

주님께서 카인에게 물으셨다. “네 아우 아벨은 어디 있느냐?” 그가 대답하였다. “모릅니다. 제가 아우를 지키는 사람입니까?” 그러자 그분께서 말씀하셨다. “네가 무슨 짓을 저질렀느냐? 들어보아라. 네 아우의 피가 땅바닥에서 나에게 울부짖고 있다. 이제 너는 저주를 받아, 입을 벌려 네 손에서 네 아우의 피를 받아낸 그 땅에서 쫓겨날 것이다. **창세기 4,9-11**

하느님께서 노아에게 이르셨다. “너는 아내와 아들들과 며느리들과 함께 방주에서 나와라. 모든 생물들, 너와 함께 있는 모든 살덩어리들, 곧 새와 짐승과 땅을 기어다니는 모든 것을 데리고 나와라. 그래서 그것들이 땅에 우글거리며 번식하고 번성하게 하여라.” **창세기 8,15-17**

주님께서는 그들을 거기에서 온 땅으로 흩어버리셨다. 그래서 그들은 그 성읍을 세우는 일을 그만두었다. 그리하여 그곳의 이름을 바벨이라 하였다. 주님께서 거기에서 온 땅의 말을 뒤섞어놓으시고, 사람들을 온 땅으로 흩어버리셨기 때문이다. **창세기 11,8-9**

그때 주님께서 당신이 계신 곳 하늘에서 소돔과 고모라에 유황과 불을 퍼부으셨다. 그리하여 그 성읍들과 온 들판과 그 성읍의 모든 주민, 그리고 땅 위에 자란 것들을 모두 멸망시키셨다. 그런데 롯의 아내는 뒤를 돌아다보다 소금 기둥이 되어버렸다. **창세기 19,24-26**

천사가 말하였다. "그 아이에게 손대지 마라. 그에게 아무 해도 입히지 마라. 네가 너의 아들, 너의 외아들까지 나를 위하여 아끼지 않았으니, 네가 하느님을 경외하는 줄을 이제 내가 알았다." **창세기 22,12**

"너희가 있는 집에 발린 피는 너희를 위한 표지가 될 것이다. 내가 이집트를 칠 때, 그 피를 보고 너희만은 거르고 지나가겠다. 그러면 어떤 재앙도 너희를 멸망시키지 않을 것이다. 이날이야말로 너희의 기념일이니, 이날 주님을 위하여 축제를 지내라. 이를 영원한 규칙으로 삼아 대대로 축제일로 지내야 한다." **탈출기 12,13-14**

모세가 바다 위로 손을 뻗었다. 주님께서는 밤새도록 거센 샛바람으로 바닷물을 밀어내시어, 바다를 마른땅으로 만드셨다. 그리하여 바닷물이 갈라지자, 이스라엘 자손들이 바다 가운데로 마른땅을 걸어들어갔다. 물은 그들 좌우에서 벽이 되어주었다. 뒤이어 이집트인들이 쫓아왔다. 파라오의 모든 말과 병거와 기병들이 그들을 따라 바다 한가운데로 들어갔다. **탈출기 14,21-23**

"너는 위로 하늘에 있는 것이든, 아래로 땅 위에 있는 것이든, 땅 아래로 물속에 있는 것이든 그 모습을 본뜬 어떤 신상도 만들어서는 안 된다. 너는 그것들에게 경배하거나, 그것들을 섬기지 못한다. 주 너의 하느님인 나는 질투하는 하느님이다. 나를 미워하는 자들에게는 조상들의 죄악을 삼 대 사 대 자손들에게까지 갚는다. 그러나 나를 사랑하고 내 계명을 지키는 이들에게는 천 대에 이르기까지 자애를 베푼다." **탈출기 20,4-6**

들릴라는 삼손을 무릎에 뉘어 잠들게 하고 나서, 사람 하나를 불러 일곱 가닥으로 땋은 그의 머리털을 깎게 하였다. 그러자 삼손은 허약해지기 시작하더니, 힘이 빠져나가버렸다. 들릴라가 말하였다. "삼손, 필리스티아인들이 당신을 잡으러 와요." 삼손은 잠에서 깨어나, '지난번처럼 밖으로 나가 몸을 빼낼 수 있겠지.' 하고 생각하였다. 그는 주님께서 자기를 떠나셨다는 것을 알지 못하였다. **판관기 16,19-20**

필리스티아 사람이 다윗을 향하여 점점 가까이 다가오자, 다윗도 그 필리스티아 사람을 향하여 전열 쪽으로 날쌔게 달려갔다. 그러면서 다윗은 주머니에 손을 넣어 돌 하나를 꺼낸 다음, 무릿매질을 하여 필리스티아 사람의 이마를 맞혔다. 돌이 이마에 박히자 그는 땅바닥에 얼굴을 박고 쓰러졌다. 이렇게 다윗은 무릿매 끈과 돌멩이 하나로 그 필리스티아 사람을 누르고 그를 죽였다. 다윗은 손에 칼도 들지 않고 그를 죽인 것이다. **사무엘기 상권 17,48-50**

임금이 다시 말하였다. "그 산 아이를 둘로 나누어 반쪽은 이 여자에게, 또 반쪽은 저 여자에게 주어라." 그러자 산 아이의 어머니는 제 아들에 대한 모성애가 솟구쳐올라 임금에게 아뢰었다. "저의 임금님! 산 아기를 저 여자에게 주시고 제발 그 아기를 죽이지 마십시오." 그러나 다른 여자는 "어차피 내 아이도 너의 아이도 안 된다. 자, 나누시오!" 하고 말하였다. 그때에 임금이 이렇게 분부하였다. "산 아기를 죽이지 말고 처음 여자에게 내주어라. 저 여자가 그 아기의 어머니다." 임금이 이러한 판결을 내렸다는 소식을 온 이스라엘이 들었다. 그리고 임금에게 하느님의 지혜가 있어 공정한 판결을 내린다는 것을 알고는 임금을 두려워하였다. **열왕기 상권 3,25-28**

주님께서는 큰 물고기를 시켜 요나를 삼키게 하셨다. 요나는 사흘 낮과 사흘 밤을 그 물고기 배 속에 있었다. 물고기 배 속에서 요나는 주 그의 하느님께 기도 드리며, 이렇게 아뢰었다. "제가 곤궁 속에서 주님을 불렀더니 주님께서 저에게 응답해주셨습니다. 저승의 배 속에서 제가 부르짖었더니 당신께서 저의 소리를 들어주셨습니다. 당신께서 바다 속 깊은 곳에 저를 던지시니 큰 물이 저를 에워싸고 당신의 그 모든 파도와 물결이 제 위를 지나갔습니다."
요나서 2,1-4

성경 말씀 • 신약

천사가 마리아에게 대답하였다. "성령께서 너에게 내려오시고 지극히 높으신 분의 힘이 너를 덮을 것이다. 그러므로 태어날 아기는 거룩하신 분, 하느님의 아드님이라고 불릴 것이다." **루카 1,35**

"오늘 너희를 위하여 다윗 고을에서 구원자가 태어나셨으니, 주 그리스도이시다. 너희는 포대기에 싸여 구유에 누워 있는 아기를 보게 될 터인데, 그것이 너희를 위한 표징이다." 그때에 갑자기 그 천사 곁에 수많은 하늘의 군대가 나타나 하느님을 이렇게 찬미하였다. "지극히 높은 곳에서는 하느님께 영광, 땅에서는 그분 마음에 드는 사람들에게 평화!" **루카 2,11-14**

아기는 자라면서 튼튼해지고 지혜가 충만해졌으며, 하느님의 총애를 받았다.
루카 2,40

예수님께서는 세례를 받으시고 곧 물에서 올라오셨다. 그때 그분께 하늘이 열렸다. 그분께서는 하느님의 영이 비둘기처럼 당신 위로 내려오시는 것을 보셨다. 그리고 하늘에서 이렇게 말하는 소리가 들려왔다. "이는 내가 사랑하는 아들, 내 마음에 드는 아들이다." **마태오 3,16-17**

악마는 다시 그분을 매우 높은 산으로 데리고 가서, 세상의 모든 나라와 그 영광을 보여주며, "당신이 땅에 엎드려 나에게 경배하면 저 모든 것을 당신에게 주겠소." 하고 말하였다. 그때에 예수님께서 그에게 말씀하셨다. "사탄아, 물러가라. 성경에 기록되어 있다. '주 너의 하느님께 경배하고 그분만을 섬겨라.'" 그러자 악마는 그분을 떠나가고, 천사들이 다가와 그분의 시중을 들었다. **마태오 4,8-11**

예수님께서 일꾼들에게 "물독에 물을 채워라." 하고 말씀하셨다. 그들이 물독마다 가득 채우자, 예수님께서 그들에게 다시, "이제는 그것을 퍼서 과방장에게 날라다 주어라." 하셨다. 그들은 곧 그것을 날라 갔다. 과방장은 포도주가 된 물을 맛보고 그것이 어디에서 났는지 알지 못하였지만, 물을 퍼간 일꾼들은 알고 있었다. 그래서 과방장이 신랑을 불러 그에게 말하였다. "누구든지 먼저 좋은 포도주를 내놓고, 손님들이 취하면 그보다 못한 것을 내놓는데, 지금까지 좋은 포도주를 남겨두셨군요." 이렇게 예수님께서는 처음으로 갈릴래아 카나에서 표징을 일으키시어, 당신의 영광을 드러내셨다. 그리하여 제자들은 예수님을 믿게 되었다. **요한 2,7-11**

예수님께서는 갈릴래아 호숫가를 지나가시다가 두 형제, 곧 베드로라는 시몬과 그의 동생 안드레아가 호수에 어망을 던지는 것을 보셨다. 그들은 어부였다. 예수님께서 그들에게 이르셨다. "나를 따라오너라. 내가 너희를 사람 낚는 어부로 만들겠다." 그러자 그들은 곧바로 그물을 버리고 예수님을 따랐다. **마태오 4,18-20**

나는 착한 목자이다. 나는 내 양들을 알고 내 양들은 나를 안다. 이는 아버지께서 나를 아시고 내가 아버지를 아는 것과 같다. 나는 양들을 위하여 목숨을 내놓는다. 그러나 나에게는 이 우리 안에 들지 않는 양들도 있다. 나는 그들도 데려와야 한다. 그들도 내 목소리를 알아듣고 마침내 한 목자 아래 한 양 떼가 될 것이다. **요한 10,14-16**

예수님께서 "오너라." 하시자, 베드로가 배에서 내려 물 위를 걸어 예수님께 갔다. 그러나 거센 바람을 보고서는 그만 두려워졌다. 그래서 물에 빠져들기 시작하자, "주님, 저를 구해주십시오." 하고 소리를 질렀다. 예수님께서 곧 손을 내밀어 그를 붙잡으시고, "이 믿음이 약한 자야, 왜 의심하였느냐?" 하고 말씀하셨다. 그러고 나서 그들이 배에 오르자 바람이 그쳤다. 그러자 배 안에 있던 사람들이 그분께 엎드려 절하며, "스승님은 참으로 하느님의 아드님이십니다." 하고 말하였다. **마태오 14,29-33**

주님께서는 그 과부를 보시고 가엾은 마음이 드시어 그에게, "울지 마라." 하고 이르시고는, 앞으로 나아가 관에 손을 대시자 메고 가던 이들이 멈추어 섰다. 예수님께서 이르셨다. "젊은이야, 내가 너에게 말한다. 일어나라." 그러자 죽은 이가 일어나 앉아서 말을 하기 시작하였다. 예수님께서는 그를 그 어머니에게 돌려주셨다. **루카 7,13-15**

아버지께서 언제나 제 말씀을 들어주신다는 것을 저는 알고 있습니다. 그러나 이렇게 말씀드린 것은, 여기 둘러선 군중이 아버지께서 저를 보내셨다는 것을 믿게 하려는 것입니다." 예수님께서는 이렇게 말씀하시고 나서 큰 소리로 외치셨다. "라자로야, 이리 나와라." 그러자 죽었던 이가 손과 발은 천으로 감기고 얼굴은 수건으로 감싸인 채 나왔다. 예수님께서 사람들에게, "그를 풀어주어 걸어가게 하여라." 하고 말씀하셨다. **요한 11,42-44**

제자들이 "저희는 여기 빵 다섯 개와 물고기 두 마리밖에 가진 것이 없습니다." 하고 말하였다. 예수님께서는 "그것들을 이리 가져오너라." 하시고는, 군중에게 풀밭에 자리를 잡으라고 지시하셨다. 그리고 빵 다섯 개와 물고기 두 마리를 손에 들고 하늘을 우러러 찬미를 드리신 다음 빵을 떼어 제자들에게 주시니, 제자들이 그것을 군중에게 나누어주었다. 사람들은 모두 배불리 먹었다. 그리고 남은 조각을 모으니 열두 광주리에 가득 찼다. 먹은 사람은 여자들과 아이들 외에 남자만도 오천 명가량이었다. **마태오 14,17-21**

"너는 이 세 사람 가운데에서 누가 강도를 만난 사람에게 이웃이 되어주었다고 생각하느냐?" 율법 교사가 "그에게 자비를 베푼 사람입니다." 하고 대답하자, 예수님께서 그에게 이르셨다. "가서 너도 그렇게 하여라." **루카 10,36-37**

그가 아버지에게 대답하였다. "보십시오, 저는 여러 해 동안 종처럼 아버지를 섬기며 아버지의 명을 한 번도 어기지 않았습니다. 이러한 저에게 아버지는 친구들과 즐기라고 염소 한 마리 주신 적이 없습니다. 그런데 창녀들과 어울려 아버지의 가산을 들어먹은 저 아들이 오니까, 살진 송아지를 잡아주시는군요." 그러자 아버지가 그에게 일렀다. "얘야, 너는 늘 나와 함께 있고 내 것이 다 네 것이다. 너의 저 아우는 죽었다가 다시 살아났고 내가 잃었다가 되찾았다. 그러니 즐기고 기뻐해야 한다." **루카 15,29-32**

예수님께서 어느덧 올리브 산 내리막길에 가까이 이르시자, 제자들의 무리가 다 자기들이 본 모든 기적 때문에 기뻐하며 큰 소리로 하느님을 찬미하기 시작하였다. 그들은 이렇게 말하였다. "'주님의 이름으로 오시는 분 임금님은 복되시어라.' 하늘에 평화, 지극히 높은 곳에 영광!" **루카 19,37-38**

그들이 음식을 먹고 있을 때에 예수님께서 빵을 들고 찬미를 드리신 다음, 그것을 떼어 제자들에게 주시며 말씀하셨다. “받아 먹어라. 이는 내 몸이다.” 또 잔을 들어 감사를 드리신 다음 제자들에게 주시며 말씀하셨다. “모두 이 잔을 마셔라. 이는 죄를 용서해주려고 많은 사람을 위하여 흘리는 내 계약의 피다.”
마태오 26,26-28

예수님께서는 제자들의 발을 씻어주신 다음, 겉옷을 입으시고 다시 식탁에 앉으셔서 그들에게 이르셨다. “내가 너희에게 한 일을 깨닫겠느냐? 너희가 나를 ‘스승님’, 또 ‘주님’ 하고 부르는데, 그렇게 하는 것이 옳다. 나는 사실 그러하다. 주님이며 스승인 내가 너희의 발을 씻었으면, 너희도 서로 발을 씻어주어야 한다. 내가 너희에게 한 것처럼 너희도 하라고, 내가 본을 보여준 것이다. 내가 진실로 진실로 너희에게 말한다. 종은 주인보다 높지 않고, 파견된 이는 파견한 이보다 높지 않다. 이것을 알고 그대로 실천하면 너희는 행복하다.”
요한 13,12-17

예수님께서는 그들을 그대로 두시고 다시 가시어 세번째 같은 말씀으로 기도하셨다. 그리고 제자들에게 돌아와 말씀하셨다. “아직도 자고 있느냐? 아직도 쉬고 있느냐? 이제 때가 가까웠다. 사람의 아들은 죄인들의 손에 넘어간다. 일어나 가자. 보라, 나를 팔아넘길 자가 가까이 왔다.” **마태오 26,44-46**

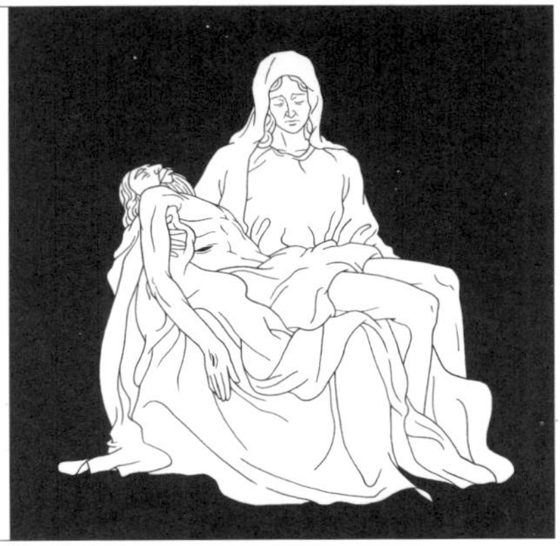

낮 열두 시쯤 되자 어둠이 온 땅에 덮여 오후 세 시까지 계속되었다. 해가 어두워진 것이다. 그때에 성전 휘장 한가운데가 두 갈래로 찢어졌다. 그리고 예수님께서 큰 소리로 외치셨다. "아버지, '제 영을 아버지 손에 맡깁니다.'" **루카 23,44-46**

예수님의 십자가 곁에는 그분의 어머니와 이모, 클로파스의 아내 마리아와 마리아 막달레나가 서 있었다. 예수님께서는 당신의 어머니와 그 곁에 선 사랑하시는 제자를 보시고, 어머니에게 말씀하셨다. "여인이시여, 이 사람이 어머니의 아들입니다." 이어서 그 제자에게 "이분이 네 어머니시다." 하고 말씀하셨다. 그때부터 그 제자가 그분을 자기 집에 모셨다. **요한 19,25-27**

그때에 천사가 여자들에게 말하였다. "두려워하지 마라. 너희가 십자가에 못 박히신 예수님을 찾는 줄을 나는 안다. 그분께서는 여기에 계시지 않는다. 말씀하신 대로 그분께서는 되살아나셨다. 와서 그분께서 누워 계셨던 곳을 보아라. 그러니 서둘러 그분의 제자들에게 가서 이렇게 일러라. '그분께서는 죽은 이들 가운데에서 되살아나셨습니다. 이제 여러분보다 먼저 갈릴래아로 가실 터이니, 여러분은 그분을 거기에서 뵙게 될 것입니다.' 이것이 내가 너희에게 알리는 말이다." **마태오 28,5-7**

여드레 뒤에 제자들이 다시 집 안에 모여 있었는데 토마스도 그들과 함께 있었다. 문이 다 잠겨 있었는데도 예수님께서 오시어 가운데에 서시며, "평화가 너희와 함께!" 하고 말씀하셨다. 그리고 나서 토마스에게 이르셨다. "네 손가락을 여기 대보고 내 손을 보아라. 네 손을 뻗어 내 옆구리에 넣어보아라. 그리고 의심을 버리고 믿어라." 토마스가 예수님께 대답하였다. "저의 주님, 저의 하느님!" 그러자 예수님께서 토마스에게 말씀하셨다. "너는 나를 보고서야 믿느냐? 보지 않고도 믿는 사람은 행복하다." **요한 20,26-29**

예수님께서는 그들을 베타니아 근처까지 데리고 나가신 다음, 손을 드시어 그들에게 강복하셨다. 이렇게 강복하시며 그들을 떠나 하늘로 올라가셨다. 그들은 예수님께 경배하고 나서 크게 기뻐하며 예루살렘으로 돌아갔다. 그리고 줄곧 성전에서 하느님을 찬미하며 지냈다. **루카 24,50-53**

오순절이 되었을 때 그들은 모두 한자리에 모여 있었다. 그런데 갑자기 하늘에서 거센 바람이 부는 듯한 소리가 나더니, 그들이 앉아 있는 온 집 안을 가득 채웠다. 그리고 불꽃 모양의 혀들이 나타나 갈라지면서 각 사람 위에 내려앉았다. 그러자 그들은 모두 성령으로 가득 차, 성령께서 표현의 능력을 주시는 대로 다른 언어들로 말하기 시작하였다. **사도행전 2,1-4**

참조한 그림

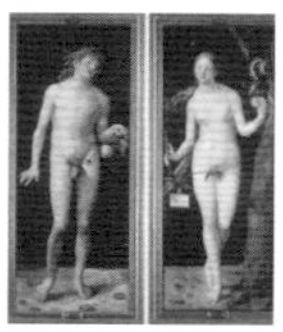
1

2

3

4

5

6

7

8

9

1
Albrecht Dürer, “Adam und Eva”, 1507.

2, 3
Julius Schnorr von Carolsfeld, “Vertreibung aus dem Paradies”, *Die Bibel in Bildern*, 1851~1860.
Anna Jameson, “Expulsion from Paradise”.

4
Tiziano Vecellio, “Caino e Abele”, 1542~1544.

5, 6
Simon de Myle, “Noah's ark on Mount Ararat”, 1570.
Julius Schnorr von Carolsfeld, “The Ark Rests upon Ararat”, *Die Bibel in Bildern*, 1851~1860.

7
Gustave Doré, “La confusion des langues”, 1865.

8
Julius Schnorr von Carolsfeld, “Lot flieht aus Sodom”, *Die Bibel in Bildern*, 1851~1860.

9
Julius Schnorr von Carolsfeld, “Abraham will seinen Sohn Isaak opfern”, *Die Bibel in Bildern*, 1851~1860.

10

11

12

13

14

15

16

17

18

19

20

21

22

23

24

25

26

27

28

29

30

10
Unknown, "The Angel of Death and the First Passover", *Bible Pictures and What They Teach Us*, 1897.

11
Gustave Doré, "Die fünfte Pest", 1865.

12, 13
"The Word Spoken Through Angels"
Ephraim Moses Lilien, "The Covenant of Abraham", 1908.

14
Julius Schnorr von Carolsfeld, "Samson and Delilah", *Die Bibel in Bildern*, 1851~1860.

15
Julius Schnorr von Carolsfeld, "David Slays Goliath", *Die Bibel in Bildern*, 1851~1860.

16
Nikolai Nikolaevich Ge, "Court of King Solomon", 1854.

17
Pieter Lastman, "Jonah and the Whale", 1621.

18
Unknown, "Annunciation", *Missale Romanum*, 1920.

19
Unknown, "Christmas", *Missale Romanum*, 1920.

20, 21
Giovanni Battista Salvi, "Madonna col Bambino".
John Rogers Herbert, "The Youth of Our Lord", 1847.

22
Julius Schnorr von Carolsfeld, "Baptism of Christ", *Die Bibel in Bildern*, 1851~1860.

23
Unknown, "In the temptation of Jesus, Jesus drives away Satan with the word of God", *Treasures of the Bible or Captivating Stories For Old and Young*, 1894.

24, 25
Julius Schnorr von Carolsfeld, "Die Hochzeit zu Kana", *Die Bibel in Bildern*, 1851~1860.
Unknown, "Jesus Changes Water to Wine", *Treasures of the Bible or Captivating Stories For Old and Young*, 1894.

26
Raphael Santi, "Pesca miracolosa", 1515~1516.

27
Bernhard Plockhorst, "The Good Shepherd".

28
Philipp Otto Runge, "Peter geht auf Wasser", 1806.

29, 30
Julius Schnorr von Carolsfeld, "Der Jüngling von Naim", *Die Bibel in Bildern*, 1851~1860.
"The Raising of Lazarus"

31

32

33

34

35

36

37

38

39

40

41

42

43

31
Julius Schnorr von Carolsfeld, "Der barmherzige Samariter", *Die Bibel in Bildern*, 1851~1860.

32, 33
Julius Schnorr von Carolsfeld, "Der verlorene Sohn", *Die Bibel in Bildern*, 1851~1860.
Rembrandt van Rijn, "Terugkeer van de Verloren Zoon", 1668.

34, 35
Jean Hippolyte Flandrin, "Jesus riding into Jerusalem", 1842.
Unknown, "Palm Sunday", *Missale Romanum*, 1923.

36
Unknown, "The Passover Supper", *Missale Romanum*, 1923.

37, 38
Julius Schnorr von Carolsfeld, "Jesus Washes the Disciples' Feet", *Die Bibel in Bildern*, 1851~1860.
Unknown, "Jesus Washing of Feet of the Apostles", *Missale Romanum*, 1920.

39, 40
Andrea Mantegna, "Orazione nell'orto", 1457~1459.
Andrea Mantegna, "Orazione nell'orto", 1455.

41
Michelangelo Buonarroti, "Pietà", 1499.

42
Julius Schnorr von Carolsfeld, "The Empty Tomb", *Die Bibel in Bildern*, 1851~1860.

43
Caravaggio, "Incredulità di San Tommaso", 1601~1602.

44

44
Edward Arthur Fellowes Prynne,
"Jesus Christ Condemned to Death". 1919.
"Jesus Receives His Cross", 1919.
"Jesus Falls beneath the Cross", 1919.
"Jesus Falls the Second Time", 1920.
"Jesus Speaks to the Women of Jerusalem", 1920.
"Jesus Falls the Third Time", 1920.
"Jesus Is Stripped of His Raiment", 1920.
"Jesus Meets His Mother", 1919.
"Simon Helps to Bear the Cross", 1920.
"A Woman Wipes the Face of Jesus", 1920.
"Jesus Is Nailed to the Cross", 1920.
"Jesus Dies upon the Cross", 1921.
"Jesus Is Taken Down from the Cross", 1921.
"Jesus Is Laid in the Tomb", 1921.